国家出版基金项目
NATIONAL PUBLICATION FOUNDATION

记住乡愁

——留给孩子们的中国民俗文化

刘魁立◎主编

第八辑 传统营造辑

徽州古村落与老房子

谢宛鹿◎编著

本辑主编 刘托

黑龙江少年儿童出版社

编委会

序

　　亲爱的小读者们，身为中国人，你们了解中华民族的民俗文化吗？如果有所了解的话，你们又了解多少呢？

　　或许，你们认为熟知那些过去的事情是大人们的事，我们小孩儿不容易弄懂，也没必要弄懂那些事情。

　　其实，传统民俗文化的内涵极为丰富，它既不神秘也不深奥，与每个人的关系十分密切，它随时随地围绕在我们身边，贯穿于整个人生的每一天。

　　中华民族有很多传统节日，每逢节日都有一些传统民俗文化活动，比如端午节吃粽子，听大人们讲屈原为国为民愤投汨罗江的故事；八月中秋望着圆圆的明月，遐想嫦娥奔月、吴刚伐桂的传说，等等。

　　我国是一个统一的多民族国家，有 56 个民族，每个民族都有丰富多彩的文化和风俗习惯，这些不同民族的民俗文化共同构筑了中国民俗文化。或许你们听说过藏族长篇史诗《格萨尔王传》

中格萨尔王的英雄气概、蒙古族智慧的化身——巴拉根仓的机智与诙谐、维吾尔族世界闻名的智者——阿凡提的睿智与幽默、壮族歌仙刘三姐的聪慧机敏与歌如泉涌……如果这些你们都有所了解，那就说明你们已经走进了中华民族传统民俗文化的王国。

你们也许看过京剧、木偶戏、皮影戏，看过踩高跷、耍龙灯，欣赏过威风锣鼓，这些都是我们中华民族为世界贡献的艺术珍品。你们或许也欣赏过中国古琴演奏，那是中华文化中的瑰宝。1977年9月5日美国发射的"旅行者1号"探测器上所载的向外太空传达人类声音的金光盘上面，就录制了我国古琴大师管平湖演奏的中国古琴名曲——《流水》。

北京天安门东西两侧设有太庙和社稷坛，那是旧时皇帝举行仪式祭祀祖先和祭祀谷神及土地的地方。另外，在北京城的南北东西四个方位建有天坛、地坛、日坛和月坛，这些地方曾经是皇帝率领百官祭拜天、地、日、月的神圣场所。这些仪式活动说明，我们中国人自古就认为自己是自然的组成部分，因而崇信自然、融入自然，与自然和谐相处。

如今民间仍保存的奉祀关公和妈祖的习俗，则体现了中国人崇尚仁义礼智信、进行自我道德教育的意愿，表达了祈望平安顺达和扶危救困的诉求。

小读者们，你们养过蚕宝宝吗？原产于中国的蚕，真称得上伟大的小生物。蚕宝宝的一生从芝麻粒儿大小的蚕卵算起，中间经历蚁蚕、蚕宝宝、结茧吐丝等过程，到破茧成蛾结束，总共四十余天，却能为我们贡献约一千米长的蚕丝。我国历史悠久的养蚕、丝绸织绣技术自西汉"丝绸之路"诞生那天起就成为东方文明的传播者和象征，为促进人类文明的发展做出了不可磨灭的贡献！

小读者们，你们到过烧造瓷器的窑口，见过工匠师傅们拉坯、上釉、烧窑吗？中国是瓷器的故乡，我们的陶瓷技艺同样为人类文明的发展做出了巨大贡献！中国的英文国名"China"，就是由英文"china"（瓷器）一词转义而来的。

中国的历法、二十四节气、珠算、中医知识体系，都是中华民族传统文化宝库中的珍品。

让我们深感骄傲的中国传统民俗文化博大精深、丰富多彩，课本中的内容是难以囊括的。每向这个领域多迈进一步，你们对历史的认知、对人生的感悟、对生活的热爱与奋斗就会更进一分。

作为中国人，无论你身在何处，那与生俱来的充满民族文化DNA 的血液将伴随你的一生，乡音难改，乡情难忘，乡愁恒久。这是你的根，这是你的魂，这种民族文化的传统体现在你身上，是你身份的标识，也是我们作为中国人彼此认同的依据，它作为一种凝聚的力量，把我们整个中华民族大家庭紧紧地联系在一起。

《记住乡愁——留给孩子们的中国民俗文化》丛书，为小读者们全面介绍了传统民俗文化的丰富内容：包括民间史诗传说故事、传统民间节日、民间信仰、礼仪习俗、民间游戏、中国古代建筑技艺、民间手工艺……

各辑的主编、各册的作者，都是相关领域的专家。他们以适合儿童的文笔，选配大量图片，简约精当地介绍每一个专题，希望小读者们读来兴趣盎然、收获颇丰。

在你们阅读的过程中，也许你们的长辈会向你们说起他们曾经的往事，讲讲他们的"乡愁"。那时，你们也许会觉得生活充满了意趣。希望这套丛书能使你们更加珍爱中国的传统民俗文化，让你们为生为中国人而自豪，长大后为中华民族的伟大复兴做出自己的贡献！

亲爱的小读者们，祝你们健康快乐！

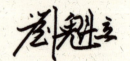

二〇一七年十二月

目 录

何处是徽州

| 何处是徽州 |

徽州，是历史地理名称，大部分位于如今的安徽南部，处于安徽、江西的交会处。古代徽州从唐朝开始确立"一府六县"的行政划分，其中的"一府"指的是徽州府，"六县"分别是指徽州府所统辖的歙县、黟县、休宁县、祁门县、绩溪县、婺源县，这种划分奠定了徽州此后一千年"一府六县"的基本建制。徽州在古时还被称作歙州、新安，直至北宋时期才正式更名为徽州，而这个名称在此之后沿用了近

| 写意徽州 |

| 安徽歙县全景 |

800 年之久。现在，歙县、黟县、休宁县、祁门县、绩溪县隶属于安徽省，婺源县隶属于江西省。

虽然现在不再沿用"一府六县"的行政划分，但是

| 黄山风光 |

| 新安江 |

徽州文化作为中国三大地域文化之一，一直延续下来。徽州古村落也是徽州文化的一部分。

徽州自古就是一个山清水秀的地方，在这里山地以及丘陵大约占据徽州总面积的百分之九十，可见多山是徽州的一个标志性特征。黄山和齐云山是这个地区的主要山脉。

徽州不仅有山，当然还有人们日常生活离不开的

4

水。这里地处亚热带，属于典型的亚热带季风性气候，年平均降水量1600多毫米，最高超过2000毫米，气候温和多雨。新安江、阊江、青弋江是徽州的三大水系，这些水系是徽州的命脉，滋养了这里无数的村落，从而孕育出了灿烂的徽州文化。俯瞰这些江水，它们就像是徽州大地上一条条闪闪发光的银链，穿行在青山绿水之间，潆洄曲折，美不胜收。

徽州自古就以风光秀丽、钟灵毓秀而闻名遐迩。我国著名教育学家、思想家陶行知先生就生于徽州的歙县，他曾称赞家乡道："我们徽州，山水灵秀，气候温和，人民向来安居乐业，真可谓是世外桃源。察看他的背景，世界上只有一个地方和他相类，这个地方就是瑞士。"

徽州的山水的确足以与

| 徽州村落 |

| 新安江清明
时节风光 |

瑞士的风景相媲美，这里除了有世界文化与自然双重遗产黄山，还有国家森林公园齐云山，国家级自然保护区牯牛降，新安江山水画廊风景区等等。很多影视作品都是以徽州的秀美景色为背景拍摄的。

当然，除了这些引人入胜的自然景观之外，一座座点缀在青山绿水间的古村落，更是将这片土地装饰得如同水墨画一般美不胜收，令人如痴如醉。

徽州村落闻天下

| 徽州村落闻天下 |

2000 年 11 月 30 日这一天，安徽黄山黟县的古村落西递和宏村，作为徽州古村落的典型代表，被列入世界文化遗产名录，从此，徽州古村落声名鹊起，吸引了全世界的目光。

为什么西递和宏村能够成为世界文化遗产呢？关于这点，联合国教科文组织有这样一段评语："西递、宏村，是人类古老文化的见证，是传统特色建筑的典型作品，是人与自然相结合的光辉典范。"评语还专门称赞宏村道："宏村是非常和谐地利用当地自然山水，在儒家文化和徽派当地文化思想影响下的东方传统村落的人居环境的代表，是独一无二的。"

联合国教科文组织对西递和宏村的评价都非常高，但是你知道吗？徽州令人着迷的村落可远不止这两个。在徽州的土地上曾存在着大约 5000 个古村落，每一个村落都有其独特的风貌。这

| 西递 |

| 青瓦白墙 |

如果有机会从空中俯瞰徽州大地，你会发现，在一片清幽秀丽的山川景色中矗立着成群的青瓦白墙。它们错落有致，与周遭的环境融为一体，仿佛本来就生长在这里，这些青瓦白墙就是徽州的建筑。

徽州的建筑形式多样，有民居、祠堂、牌坊、戏台、园林、书院、亭、塔等等。在众多的建筑当中，最具代表性的要数民居、祠堂和牌坊了，它们也被称作徽州的"古建三绝"。

些古村落能够在千百年的沧桑巨变中保存下来实属不易，它们负载着悠久的徽州历史，积淀了深厚的徽州文化底蕴，成为中国乃至世界文化史上的奇观和瑰宝，而构成这些村落的主体便是极具特色的徽州老房子。

| 宏村 |

徽州民居

走进徽州村落，首先映入眼帘的就是数量众多、巧夺天工的民居了。第一眼看到徽州民居，你会被黑白灰三种对比强烈的颜色所吸引。黑，是黑色的瓦片，白，是房屋的白墙，灰，是灰色的青砖。徽州的古民居虽然没

| 颜色 |

| 绩溪徽派建筑村庄 |

有皇家建筑的色彩绚丽，但也不会让人感到单调，它们在青山绿水中点缀得刚刚好，给人一种淡雅明快的感觉。

徽州民居大多是两层楼的格局，这个特征与徽州的地理环境有很大的关系。徽州早期的建筑形式是干栏式，"干栏式"建筑以竹木为主要的建筑材料，建筑布局分为上下两层，上层用来住人，

| 两层 |

| 二楼 |

下层用来饲养动物和堆放杂物。由于徽州地区多雨潮湿，采用这种建造方法既可以有效防止潮湿，保持室内的干燥，又可以防止野兽的侵袭。

另外，徽州多山，用地很紧张，因此民居多建造成两层楼。到了后期徽州民居的形制虽逐渐发生了变化，但是基本保留了干栏式的建筑形式。

远远望去，可以看见在徽州民居屋顶的四周有几道高墙围起。这些高墙根据屋顶的坡度层层叠落，呈水平阶梯形状，且高墙上面都压着一层黑瓦，就像是马的鬃毛一般，这就是徽州民居的特色之一——"马头墙"。

"马头墙"的名字就是因为高墙上的黑瓦形制酷似马头而来。马头墙高低错落，一般为两叠式或三叠式，如果是较大的民居建筑甚至可以多至五叠，俗称"五岳朝天"。在村落中，高低起伏的马头墙，给人带来一种"万马奔腾"的视觉感。

马头墙也被称作封火墙，

它的产生跟明朝时期的徽州知府何歆有很大的关系。

徽州自古就有"八山半水半分田，一分道路和庄园"的说法，多山的自然条件造成的直接结果就是适合居住的土地稀少。这就导致相邻的两户人家房子间距非常小，古徽州的房屋又多为木制，所以如果一家着火，就会火烧连营，损失惨重。

| 五岳朝天 |

| 两座房子间的间隙很小 |

何歆经调查发现，火烧连营的主要原因是没有高墙作为防御，因此他提出了设置封火墙的办法，并且以政令的形式强制推行。每五户人家组成一伍，共同出钱，用砖砌成"封火墙"，以防止火灾蔓延。

后来随着人们对封火墙优越性的深入认识以及经济实力的提高，逐渐发展成每家独立建造封火墙。徽州的建筑工匠们还对封火墙进行了美化，将其打造成高昂的马头造型。于是，马头墙作为封火墙便成为徽州建筑的

| 徽派砖雕门楼 |

样式演变而来的。

垂花门又被称为垂莲门，因其左右两端的檐柱垂吊在屋檐下，垂柱底部缀有垂珠，常雕刻成莲花或花篮，故得此名。

八字门是在字匾门的基础上，在大门的两边分别建两座斜墙，利用透视效果，与正门形成"八"字形，增加了大门的纵深感。还有的

| 字匾门 |

重要特征之一。

走近徽州民居，会看到形制各异的门楼。门楼位于民居宅门的外部，是用来装饰大门，同时也防止雨水顺墙溅到门上而设置的，它也是徽州建筑的重要特征之一。

徽州民居门楼常见的造型主要有字匾门、垂花门、八字门三种。

字匾门是徽州地区最为常见的一种门楼形式，也被称为门楣式门楼，门楼上的主体以字匾为主。其余的两种门楼大体都是由字匾门的

八字门是在建造时就刻意将大门入口向里设计，使侧墙与外墙形成"八"字。

在古徽州，门楼可以说是住宅的脸面，它体现着主人的身份地位。普通家庭的门楼装饰较为简单，达官贵人的官邸大门多用八字门，以显示其身份的尊贵。

进入民居后，你会被一束柔和的光线所吸引，四处寻找后就会发现，这束光来自头顶上方的空间。这是徽州建筑另一个有特色的地方，人们称之为"天井"。

所谓天井就是指宅院中房与房之间或者房与围墙之间所围成的露天空地，因为它的形状如深井一般，故称天井。建造天井的主要目的是解决封闭的民居内部采光、通风及排水问题。

｜垂花门｜

｜八字门｜

｜八字门｜

徽州古民居天井一般都比较狭小，且建筑形制为高墙深院，因此所接受的光线多为二次折射光。这样的光线与直射光相比显得更加柔和、静谧，让人感到更为舒适。

很多国外的建筑专家在参观了徽州古民居后，都对看似平常却又不寻常的天井结构大为赞叹。他们认为这种空间构造非常奇妙，而且通过天井所采集的温柔且静谧的光线，是其他地区建筑所不具备的。

墙高井窄的建筑空间，形成了烟囱一样的形状，从而产生了由里往外的自然吸力，加速了屋内空气向外对流。如果是在夏天，这种空气的流通就如天然的空调一般，为屋内的人们提供凉爽的风，徽州民居也因此被形象地称作"会呼吸的房子"。据说徽州民居的这种透气功能还是徽州人长寿的秘诀之一呢。

由于徽州古民居的天井由四面屋顶、屋檐围合而成，

| 静谧光线 |

| 天井 |

且所有的屋顶、屋檐都是向院内倾斜的，因此每当下雨时，雨水就会顺着屋顶内侧坡从四面流入天井。

天井下方地面以石板铺地，称作"明塘"，屋顶上的雨水主要流入此处，称为"四水归堂"，既有排水的功能，又有聚财富、人气的美好寓意，显示了徽州人"肥水不流外人田"的小智慧。

徽州的古民居充分地体现了实用与美观的完美统一。

目前，徽州还保留着许多明清时期的民居建筑遗存，因此有人称赞徽州是一个活态的、精美的古民居博物馆。比较著名的古民居建筑有位于现黄山屯溪区的"程氏三宅"以及黟县的"承志堂"。

| 程氏三宅 |

徽州祠堂

除了令人耳目一新的民居之外，徽州的祠堂也是极具特色的徽州建筑。历史上，徽州曾有大小祠堂6000多座，至今保存较好的有100多座。这些古祠堂气势恢宏、华丽精美，具有极高的艺术价值，是古徽州人留下的宝贵财富。如果你有机会前往徽州游玩，徽州的祠堂建筑一定不要错过。

祠堂是村落中重要的公共活动场所，它的主要作用是供奉祖先牌位，祭祀祖先，同时也是宗族议事的地方。徽州的祠堂主要有宗祠、支祠、家祠等种类，其中宗祠的建筑形式最为辉煌也最具代表性。

宗祠，是徽州每一个家族的后代为了祭祀其先祖所建的祠堂。如果说徽州的民居建筑低调内敛的话，那么宗祠作为大型的公共建筑，在建造时则尽显其奢华、巍峨的一面，令人叹为观止。

徽州宗祠大多为三进，第一进主要是祭祀时供鼓乐之用，门楼多采用最高级别的五凤楼形制。五凤楼原为皇宫的建筑样式，为了避讳，

| 西递古村祠堂 |

徽州祠堂的五凤楼下面没有真正的楼，只是取其屋顶的形式。五凤楼的建造工艺极其复杂，其特征在于它的屋顶轮廓线不是直线，而是像鸟展开羽翼一般的形状。五凤楼共有五对翼角，就像是五对展翅欲飞的凤凰，因此被称作"五凤楼"。

五凤楼下正中间的门被称为"仪门"，由一对石鼓或石狮隔开，平时只开中门栏栅门和侧门，只有举行重大活动时才会打开仪门。

穿过门楼就来到了天井空间，天井的两侧设有回廊，在重大节日和祭祀的时候要在回廊下摆酒席，供族内的子孙聚餐、议事。

宗祠的第二进为享堂。享堂是宗祠的主体建筑，大约占总面积的三分之一到二

分之一，主要是举行祭祖礼仪和宗族议事的场所。在享堂的正中挂着祖先遗像，以供后人瞻仰。

宗祠的第三进为寝堂或称寝殿。寝堂是宗祠最核心

| 回廊 |

| 寝堂 |

| 太平池 |

| 胡氏宗祠 |

多数祠堂内的寝堂都将天井修建成水池的形状，称作太平池。

宗祠还有一个重要特征就是第二进享堂的台基比第一进高，第三进寝堂的台基比第二进高。由低到高，逐级而上的台阶，充分显示先祖在徽州人心中的崇高地位。现存比较典型的宗祠有南屏叶氏宗祠叙秩堂、歙县呈坎罗氏宗祠、黟县胡氏宗祠敬爱堂等。

支祠，是一个家族内各分支家族为祭祀各自直系祖先所建的祠堂。一个家族在最初只建造一个宗祠，后来随着人口的兴旺，才逐渐出现了各个支祠。由于支祠是族中一个分支的祠堂，因此在建筑规模上是不允许超过宗祠的，一般只有享堂和寝

的部分，祖先的牌位就供奉在这里。为了留出空间供族人下跪祭拜，一般将祖先牌位及供桌靠后墙摆放。由于寝堂是宗祠内用火祭拜最多的地方，为了防止火患，大

堂两进。现存的支祠主要有黟县南屏叶氏叶奎光支的"叶奎光堂"、西递胡氏"追慕堂"、歙县棠樾"鲍氏支祠"等。

家祠，又称作家庙，它与宅居相连，规模与支祠相比更小，一般只有族中的高官或是富商可以建造。家祠通常是在住宅厅堂的正中位置摆放祖先的遗像，是常年进行祭祀和礼仪活动的场所，比较著名的家祠如南屏

鲍氏支祠

的慎思堂等。

除了宗祠、支祠、家祠，徽州还有一些特殊形式的祠堂，如女祠、专祠、行祠、特祭祠、双姓祠等。这些祠堂因其形制不具有代表性，在这里就不一一介绍了。

徽州牌坊

徽州历来就有"牌坊大观园"之称，可见这里的牌坊有多著名。徽州出现的牌坊数量之多、工艺之精湛，堪称天下之最。

牌坊也称作牌楼，它不同于民居，也不同于祠堂，

牌坊

| 安徽歙县古建筑许国大学士坊 |

科第坊。功名坊是显示官位与政绩的，如位于歙县的许国大学士坊。科第坊是标志科举成就的，如歙县的吴氏世科坊。建立功德坊，既为光宗耀祖，又为鼓励子孙后代努力读书上进。

标志类的牌坊包括门坊、里坊、寿字坊、叙事坊、义字坊、墓道坊。此类牌坊是

| 歙县吴氏世科坊 |

它是一种门洞式、独立式的纪念性建筑物，有点类似于纪念碑。徽州牌坊多为石制，只有少数为木制和砖制，这几种材料的牌坊在形制上都大致相似。

牌坊的主要作用是昭示祖先的公德，宣扬伦理道德。从功能上区分，徽州的牌坊可归为三类，分别是功德类、标志类、旌表类。

功德坊也可以称为科举及第坊，主要包括功名坊和

因某地或者某事具有纪念意义从而以牌坊的形式作为标志而建造的。

旌表类牌坊包括忠烈坊、孝行坊、贞洁坊等。忠烈坊是用来表彰忠臣的，如歙县的豸绣重光坊。孝行坊是用来表彰孝子的，如歙县的鲍灿孝行坊。贞洁坊用来表彰妇女的贞洁行为，这类牌坊在徽州现存很多，如黄氏孝烈门坊、鲍氏节孝坊等。

如今，在徽州还能看到许多接近完好的牌坊遗存，这与它结构的合理有很大的关系。

徽州牌坊主要由以下几个构件构成：由下往上分别是基础座、立柱、枋、字牌、檐顶。基础座主要起稳定牌坊的作用，石制牌坊的基座一般为须弥座形式（一种侧面上下凸出，中间凹入的形式，由佛座逐渐演变而来），而木制牌坊的基座则多采用夹柱石夹住牌坊柱脚的形式，以加强柱子的牢固性。基础座往上是立柱，它是支撑牌坊的柱子，徽州牌坊的

| 豸绣重光坊 |

| 鲍灿孝行坊 |

立柱有圆形的也有方形的，是牌坊的重要组成部分。枋是横向构件，它与立柱相连接并与立柱共同承托牌坊顶。字牌显示的是一座牌坊的意义，题写的内容包括牌

坊的坊名、立坊的原因等。檐顶主要有两种形式，一种是冲天柱式，一种是屋宇式。冲天柱式就是牌坊顶端竖直的柱子穿过屋檐，如歙县四世一品坊。而屋宇式的牌坊正好相反，其顶端的柱子是不出头的，如绩溪县奕世尚书坊。檐顶既可以装饰美化牌坊，使其更加庄重巍峨，又能保护牌坊不被雨水浸润。

古时对于牌坊的形制是有固定规制的。在建造牌坊时，一般的臣民只能建四脚牌坊，也就是底部只能有四根柱子，否则的话就是以下犯上，是要被判罪的。在如今歙县的老街上，我们却能够看到一座八脚牌坊，这是怎么回事呢？

这个八脚牌坊就是许国大学士坊。据记载，明万历

| 四世一品坊 |

| 奕世尚书坊 |

24

十二年，58岁的歙籍京都内阁大臣许国，因立了大功，皇上恩赐他在家乡按其官职建一座四脚牌坊。当年十月，许国告假三月，回到家乡动工兴建牌坊。谁知消息一传出，许国的一个学生执意要出资为恩师建一座八脚牌坊，以感恩许国的教育之恩。

第二年四月，牌坊落成，许国惴惴不安地回到京城，面见皇上。皇帝很是不解，就问许国："爱卿向来办事迅速果断，这次回乡建造牌坊怎么这么久？不要说四脚牌坊了，就是八脚的也早就建好了。"

许国一听，赶忙口呼"万岁"，叩拜说："谢皇上恩准，臣建的正是八脚牌坊。"

皇上听了以后哭笑不得，但是"金口"已开，也只好默许了。就这样许国幸免责罚，已经建造好的八脚牌坊也就"顺理成章"地被保留了下来。

徽州建筑的装饰艺术

——徽州三雕

徽州三雕是徽州建筑的一大特色，因其精湛的雕刻技艺而享誉国内外。所谓三雕，指的是砖雕、木雕和石雕，这三种雕刻各有其独特的魅力。

走进徽州村落，无论是在民居、祠堂还是牌坊上，几乎随处可见精美的雕刻，它们为徽州建筑增添了一分古典之美。

三种雕刻技艺中砖雕的发展较早，始于明朝时期。徽州砖雕的用料与制作极为考究，一般以经特殊技艺烧制的青砖为材料，先细磨成坯，在上面勾勒出图案的位置，接着依照图纸凿出深浅，确定画面的远近层次，然后再根据各个部位的轮廓精心

| 勾勒图案 |

| 砖雕雕刻 |

| 砖雕漏窗 |

| 思恕堂砖雕 |

雕刻，使事先设计好的图案凸现出来。

徽州砖雕的主要技法有平面雕、浅浮雕、深浮雕、透雕、镂空雕等。工匠们通过精准的雕刻手法，可在不同大小的砖坯上，雕刻出多层次的镂空图案，最多的可以达到九个层面，着实令人佩服。

一般来说，砖雕主要运用于徽州建筑的门楼、门罩等显眼之处，也有的见于窗楣、漏窗、屋檐等部位。砖雕的图案具有浓厚的民间色彩，较为常见的是戏曲故事中的人物和花草动物，如"打金枝""梅兰竹菊"等。

说到徽州砖雕，不得不提潜口镇蜀源村的民居建筑思恕堂，其大门门楼上装饰的砖雕，图案为扬州瘦西湖的景

| 砖雕门楼 |

| 木雕梁架 |

| 木雕门 |

| 木雕斜撑 |

致，雕刻的人物、山水、楼阁、亭桥等布局都十分精妙，且线条优美，堪称徽州砖雕艺术的精品。

木雕多以柏树、梓树、椿树、银杏、楠木、榧树、甲级杉等为木料。木雕主要的雕刻方法有线刻、浅浮雕、深浮雕、圆雕等。与砖雕不同的是，木雕在雕刻完成后，还需要刷一层桐油防止腐烂。木雕的装饰范围非常广，在窗、隔扇门、栏杆、柱础、梁架、斗拱、斜撑等部位都有应用。其装饰题材以民间吉祥图案、宗教人物、戏曲故事、山水和花鸟为多。比较著名的木雕建筑有黟县卢村的志诚堂。在志诚堂里几乎每一寸[①]木头都被雕满了图案，工匠们运用多种技

①寸，非法定计量单位，1寸＝0.3333厘米。

法将丰富的故事雕刻在门窗上，不到一寸厚的木板上雕刻的层次可达四五层之多，且画面构图饱满、造型灵动，志诚堂也因此被誉为"徽州木雕第一楼"。

徽州山地较多，因此盛产石材，石雕的主要石料为青黑色的黟县青石、褐色的茶园石和黄冈石等。由于雕刻所用的石料质地较硬，所以石雕的装饰技法和图案内容远不及砖雕、木雕复杂。石雕装饰在雕刻技法上以浮雕、浅层透雕与平面雕为主。雕刻的内容也多是山水、动植物、博古架纹样等，人物故事比较少见。

徽州的石雕主要用于门罩、栏杆、水池花台、漏窗、柱础、抱鼓石和各种石碑坊、石牌楼上。比较经典的石雕

作品是位于黟县西递西园里的一对松石竹梅图漏窗石雕，"松石图"造型苍劲有力，而"竹梅图"却尽显婀娜多姿，两者虚实有致，雕刻技艺造诣高深，实为石雕中的

| 志诚堂 |

| 志诚堂局部木雕 |

| 抱鼓石 |

| 松石 |

佼佼者。

　　徽州的三雕技艺使得本身就极具魅力的徽州建筑更加富有韵味，给人们的日常

生活增添了一份美的感受。可以说正是建筑的实用性与艺术性的完美结合，造就了别具一格的徽州建筑。

徽州建筑营造习俗

徽州建筑营造习俗

在上一章中，我们对构成徽州村落的主体——徽州建筑有了一定的了解。接下来我们一起来看一下与徽州村落和建筑营造有关的一些有趣习俗吧，这些习俗也是徽州建筑文化中非常重要的组成部分。

村落的选址与布局

在最初建造房子之前，首先需要选择村落的定居点。除了考虑所选择的地点能否满足生活的各种实际需求之外，徽州的先人们还运用一些独特的方法来确认此地是否适合居住。其中的一个方法就是在初步选定的村址种植寓意吉利的苗木，以此来预测此地生产生活的前景。之所以种植这些苗木是因为如果这里的水土、气候适宜苗木的生长，那么也必定适合农作物的生长，人们以此确定此地是适宜安居的。

如果你去徽州唐模村旅游的话，一定要去村里面找一棵银杏树。这棵银杏树是

宏村水墨画

| 唐模银杏树 |

唐朝时期越国公汪华后裔为选择村址而种下的奠基树，它已经有一千多岁了！这棵银杏树见证了徽州从唐朝到今天的演变。看着它，就仿佛穿越到了一千多年前的徽州古城。徽州境内如今还能看到很多这样的千年古树，其中有不少就是最初选址奠基的标志。

徽州古村落的选址，还有一个比较神秘的方法，那就是用罗盘测风水。风水师用于探测的工具——罗盘，以安徽休宁万安所产的最为出名，还曾经获得过巴拿马万国博览会的金奖。传统的风水理论来源于古代的周易学说，它注重对该地区的地质、景观、日照、水流、气候、风向等一系列自然因素的综合考察，可以说是古代中国的景观科学。简单来说，风水学说就是希望通过一系列的风水方法，创造出一个最为理想的生存环境和发展空间，给人们带来好运和福气。我们经常听到人们说起"风水宝地"，在徽州人看来"风

| 罗盘 |

水宝地"可以用六个字来概括，那就是"枕山、面屏、环水"。"枕山"就是指村落的背后要有青山依靠。"面屏"是说村落的前方最好有一片山林，形成一道天然的屏障，"环水"则是指村落附近要有绿水环绕。一个村落具备这三个条件，既符合风水之说，又可以使村落避开西北风和潮湿气流的侵蚀，而且在夏季可以享受到舒适的凉风。这种选址方式，

充分利用自然条件，营造适宜居住的环境。按照这样的风水要求建立村子的村落有很多，比如著名思想家、文学家胡适先生的老家绩溪上庄就是如此。上庄三面环山，村前又有溪水常年流淌，整个村子构成了"枕山、面屏、环水"之势，美不胜收。想象一下，处在这样一个山川秀丽、生态绝佳的环境中，谁不感到身心愉悦呢？

除了选址之外，徽州村

| 安徽休宁水畔
人家 |

| 航拍宏村 |

于是村人就按照"牛形"来建造村落。巍峨的雷岗山是牛首，村口两棵百年树龄的白果树和红杨树是牛角，错落有致的民居是牛身，村中央的半月形池塘"月沼"是牛胃，以村西北小溪为源头，筑造堤坝将溪水引入村中，绕屋过户的水渠是牛肠，水渠汇入村南的湖泊，在水渠上先后架起四座桥梁，这四座桥梁便是牛脚。这种别出心裁的村落规划，不仅便于村民用水，还能调节气温。从空中俯瞰，整个村落就像是一头悠闲的水牛静静地卧在青

落的布局也是根据风水学说来确定的。世界文化遗产之一的宏村就是以"牛"的形态来规划布局的。当年，村民们聘请风水先生何可达来规划此地。何可达勘查了周围的山水地势后，认定宏村的地理风水形态是一头牛。

| 宏村月沼全景 |

山绿水之中，十分有趣。

| 航拍安徽西递 |

与此类似的例子还有西递和渔梁等，西递镇的形状就像一艘扬帆起航的大船，渔梁镇的整体布局呈鱼形。

建房习俗

在古徽州，建房时也有别具一格的传统习俗。

首先要根据风水来选择屋址，这里的风水是指通过查看周围的地势、方向等来推测此地人事的吉凶祸福。选屋址时要求地势要宽平，依山傍水。前方的山陵不能离住宅太近或太高，以保证住宅前方开阔，屋子左边的山要高、长、大，形成屏障，屋右忌讳有更高的建筑。房屋本身的布局也应右边低于左边，关于这点，在徽州还流传着一句俗语："只可青龙（左）高万丈，不可白虎（右）高一尺。"

在确定了风水朝向之后要辨土测气。风水先生先通过研磨、过秤、品尝泥土的方式来辨别土质（这是徽州的建房习俗之一，大家可千万不要跟着学），再俯身听地下水流动的方向来判断地基的气脉，然后挖坑掘土，再把坑填土碾平。如果第二天这个坑隆起来，就认为这是个好地方，主人家还会把土坑砌好保存下来，若土坑凹下去了，则视为不吉利。

选定了屋址之后就要开始建造房子了。起工的第一天，要先制作三脚木马，三脚木马由木头制作而成，是木工施工时使用的台架子，由于形状酷似马的造型，故称作木马。三脚木马是为了放置正梁而特意制作的。与此同时也要进行其他构件的加工，如梁、柱、枋等。除了基本的木材加工之外，还需要制作丈杆。丈杆在建房过程中是一个很有用的工具，它就像我们平时用的尺子，只不过这种尺子是按照房屋所需材料的大小来制作的。在进行木构架制作之前，需

要先将重要的数据按照实际大小画在丈杆上，然后按照这个丈杆来确定木构件的尺寸大小。在安装木构件的时候也需要用丈杆来校验安装的位置是否准确。每一家每一户在建造房子的时候都需要使用丈杆，但是每一家丈杆上的尺寸都不一样，哪怕是同一个木匠师傅建造的屋子，丈杆的尺寸也不尽相同。

工匠将各个部件制作完毕后，就要选择吉日将梁柱拼装竖立起来，这个过程称为"竖屋"，这是建造房屋最重要的一步，因此伴有非常隆重的仪式。其中的上梁仪式，是建造房子过程中最有趣的部分了。上梁的时候参与建房的砖、木、石工匠齐上阵，并由三匠之首木匠师傅主持上梁仪式，整个过

| 三脚木马 |

程大致分为偷梁、请梁、祭锤、祭梁、赞梁、抛梁等步骤，场面十分精彩热闹。

上梁之前要先"偷梁"，这里的"梁"指的是正梁。正梁在徽州建筑中是不承担重量的，它代表的是"屋神"，既然是神，自然不能沾染污浊，所以只有在上梁前夜才能上山砍伐。在徽州的习俗中，正梁还不能在自己家的山场砍，必须到别人家的山场去偷砍，因此在修建房屋之前，房主就开始在村子的附近寻找用来做正梁的树。

到了上梁的前一天晚上，房主家里的男性就趁着黑夜悄悄来到相中的做正梁的树前，点上三炷香，烧上一些香纸，并念上几句祝词，然后开始用木锯锯树。锯树时为了不让梁木触碰到地面，

| 正梁 |

就在树上拴几根绳子用作牵引。锯断后立刻抬下山，然后恭恭敬敬地放到之前就已经制作好的三脚木马上连夜加工。

正梁的加工也是有讲究的，将正梁的形状做好后，要漆成红色，把写有"紫微高照"或"吉星高照"的大红横幅粘在梁的中段，并在梁下方的东头写上"文东"，在西头写上"武西"，有的还要在中段写上建房年月。

第二天，树主看到树桩前的香纸灰，就知道自己家

的树被人"偷"去做了正梁，不但不生气，反而还十分高兴，因为这表示自己家的山地风水好，长出了别人喜欢的正梁树。不过在这里需要提醒大家，偷正梁树是徽州建房的一个风俗习惯，其实等于是家家户户都默许了的，我们在日常生活中可千万不能偷偷地拿走别人的东西。

到了上梁这天，主人家要为主持上梁的木匠师傅提供全套的"上梁服"。包括一顶黑色的帽子、一件蓝色的上衣、一条黑裤、一双白袜、一双黑布鞋，在师傅沐浴更衣之后，才能开始主持上梁之礼。这一天，亲朋好友携带爆竹、红烛、楹联、礼金等前来道贺，岳父家还需要加送一对"金花"。

仪式正式开始，第一步是"请梁"。请梁也是很有讲究的，首先要在梁上盖一层红布，红布必须要由舅舅之类的长辈赠送，两侧插上岳父送的金花，梁的两头，还要包上代表五行的"青赤黄白黑"五种彩布。然后由四名男性，用四根扎了红色喜绳的扁担，将正梁"请"到事先摆好的梯子上，这个梯子也被称为"步步高升"，这是徽州人最爱博的一个彩头。请梁的时候，还要唱抬正梁的歌。

第二步是"祭锤"。锤子是为上梁专门制作的，造型为一对八菱形的大木锤。木匠师傅们还按比例缩小制作了一对对小锤子，俗称"子孙锤"，染成红色，两个一对用红头绳穿起。上梁后，木匠师傅把小锤子从梁上抛下，给孩子们当玩具，而大锤则被挂在梁的两端。"祭锤"时要说一段祝词，内容大致就是对主人家的祝福。几乎在仪式进行中的每一步都要由主持上梁的木匠师傅念祝词，每念一句，众人都应和一句："好啊！"这样的习俗将上梁仪式的气氛渲染得更加热烈。

第三步是"祭梁"。祭梁可以算是最具神话色彩的一个环节。主人摆上酒和鸡、鱼、肉"三牲"供品，主持的木匠师傅在烧香纸后，围绕正梁行走一周，祭天、祭地、祭八方神灵，并把酒从梁头洒到梁尾，边洒边念词："洒梁头，洒梁头，人丁兴旺永不愁；洒梁尾，洒梁尾，财富滚滚似流水。"然后拿

| 上梁 |

来红布包裹的斧头和一只红毛公鸡，"斧"是"福"的谐音，即"有福"；"鸡"是"吉"的谐音，意为"吉祥"。最后将红毛公鸡的血滴在正梁之上。

祭梁完毕，木匠师傅就手持大红公鸡呼喊祝词赞梁，祝词都是祝福主人吉利和颂扬鲁班先师（木匠的鼻祖）的话，木匠师傅每喊一句祝词，就把手中的公鸡高高举起一次，众人则齐声应答：

"好啊！"随后便开始上梁了，木匠师傅大吼一声："良辰开始，上梁！"正梁开始缓缓往上升，这时，屋里屋外，鞭炮响起，锣鼓齐鸣。主持的木匠师傅随即喝彩祝词，每喊一句上梁祝词，众人就应答："好啊！"一般来说，上梁时间的多少由良辰时间的长短而定，如果良辰时间短，上梁的速度就快，反之则慢。另外，如果良辰的时间太长，主持的木匠师傅还必须临时加编祝词。

等到正梁架稳，就是最后一步"抛梁"。上梁完成后，房主将事先准备好的小糍粑、花生、糖果还有小木锤等分装在两个袋子里，用绳子吊到屋脊上，然后由主持的木匠师傅向四周围观的人们抛撒，这就是抛梁。随着这些小糍粑、小木锤等忽东忽西地飞撒，哄抢的人群也跟着来回奔跑，场面好不热闹，大家都希望自己多抢些寓意着吉祥幸福的糍粑、糖果，人们哄抢得越厉害，房主家就越高兴。在抛梁的同时鞭炮齐鸣，气氛达到高潮。抛梁的时间长短根据房主家的糕点糖果的多少而定，据说如果房主家准备的多，就会闹上一两个小时。

徽州还有个习俗就是在上梁当天就要盖好屋瓦，否则被视为不吉利。屋瓦盖好后，再摆"上梁酒"款待亲友和工匠。散席后，要回赠亲友包子，称"上梁包"。接下来就是外围的封墙，封墙之后，是内部的装修工作，装修完成之后，整座房子才算完工。

徽州人居家礼俗

| 徽州人居家礼俗 |

徽州的古民居在明代以前以楼上宽敞为特征，到了清代以后才逐渐形成了以楼下为主要空间的布局。徽州民居通常为一明（厅堂）两暗（左右卧室）的三合院形式，由天井——厅堂——两厢——两廊组成最基本的三合院，格局上呈中轴对称。

厅堂位于正对大门朝天井开放的位置，在徽州民居中，厅堂往往设置在整幢房子的中心位置，所占的面积相对最大。

徽州古民居的厅堂一般有正厅和内厅之分，正厅也就是主厅，是待客、议事的主要场所。正厅是住宅中的主体空间，在一定程度上代表了家庭的地位和脸面，因此其内部的陈设布置十分讲究。通常在正厅的中央挂匾额，匾额下方挂书画或祖先肖像，在两侧的墙壁和柱子上悬挂楹联和字画，内容多为家族的家训，如"欲高门第须为善，要好儿孙必读书"等。厅堂中配套的家具也非常讲究，按照总体呈对称的

| 楹联 |

| 厅堂 |

| 供桌上的陈设 |

（始终平平静静）"之意，寄托了人们的美好愿望。条桌前放置八仙桌，取意为"八仙过海，各显神通"。

内厅也称后厅，位于正厅之后，主要是妇孺生活、子女玩乐的场所，内厅的家具陈设和正厅差不多，只是相比之下内厅显得更有生活气息一些。厅堂的两侧为主人的卧室，东西两侧分列厢房，供晚辈起居休息或读书写字之用。楼梯在厅堂前后或左右两侧，楼上卧室多为小姐的闺房。徽州住宅楼上天井四周还设有靠椅，俗称"美人靠"，是古代女子经常倚靠和消遣之处。

布局摆开，紧靠墙壁设有条桌作为供桌，以供奉祖先，条桌上摆放的钟为常鸣钟，左边放一个瓷瓶，右边放一面镜子，取"始钟瓶瓶镜镜

徽州古民居这种室内布局，看似不经意，实则是巧妙设计的结果，处处都体现了徽州的传统礼仪观念。

尚 中

儒家的"尚中"思想对徽州建筑空间布局的影响非常深刻。"尚中"强调中庸、秩序与等级，在儒家文化看来，"中"这个方位最为尊贵，所以重要的场所与居所一般都位于中心位置，而次要的空间则分布在中轴线两侧。厅堂一般位于中轴线上，专门用来聚会和接待宾客，其左右两侧是卧房。厅堂的前面为天井，形成"一堂、两房、一天井"的布局形式。这样的中轴布局，由中心向四处铺开，有条不紊，井然有序。无论是富甲一方的商人，还是普通的平民百姓，建屋时都遵照"中"的理念来设计住宅。

不过，当中轴线以外的

| 安徽歙县徽商大宅院景区建筑 |

| 宏村 |

空间不受礼制制约时，徽州人便不再将屋子按照"中"的方式来划分，而是依据实际生活的需要和所处地势的特点来分配附属空间。例如歙县的徽商大宅院，就是将中轴线右侧布置成别厅花园，供家人日常娱乐。

尊　老

在徽州文化中，特别强调尊重家里的长辈，所以在居住空间上，徽州人将长辈的房屋安排在最核心的主导位置上。

在徽州民居的空间序列里，依据方位，中轴上部的厅堂空间是最神圣的，为主方位。中轴左为上宾，为大，右为次宾，为小。处于厅堂左边的卧房一般是由最年长的长者居住，处于右边的卧房一般给父母居住。左右其余的厢房按照靠近主位的序列依次排序，按照"左上、右下"的原则分配给年纪不同的兄弟姐妹们居住。

在徽州的家庭生活中，

长辈是一家的主心骨，也是一家的道德楷模，所以长辈的住所是一个家庭的主要核心空间。在徽州，有很多几世同堂的家庭，这些家庭中的长者就是这一家的精神领袖，有他们在，很多家庭都不会分家，大家都生活在同一个大院的天井屋檐下，共享天伦之乐。

敬　祖

走进徽州民居，在人们活动的主要场所，几乎都可以看到祖先的影子。徽州民居不论建筑规模大小，在设计的时候都必须预留祖宗的位置。通常是在整个宅院最后一进的正中厅堂里，称为后堂，也称作祖堂。在后堂中要放置祖先的牌位或者悬挂祖先画像，日日供奉香火。至于为什么将祖堂放在最后一进的厅堂中，原因在于徽州民居一般都是坐北朝南的方位。村落在选择村址时，一般多选背山面水的地理环境，大多地形呈北高南低的特征。村落民居在纵向布局时，一般越向里（向北）地势就越高，与入口的南面相比，就有居高临下的感觉，因此在最后面（最北面）的中轴厅堂里供奉祖先牌位，以彰显祖先崇高的地位。这一布局也符合儒家礼仪文化中"位序"的安排。

徽州人认为祖先神灵与天相接也是极其重要的，这有关家族盛衰，于是还产生了"过白"的做法。所谓过白就是从后厅神案的香炉顶向前厅望去，擦过后厅前檐板下部到前厅屋脊的上部之间，能见到一定高度的天空，一般高度为60厘米左右，这样代表了祖先与天空相通，天人合一。

男女有别

在徽州，男女活动的区域是不同的，通常女人是不得进入正厅堂的。正厅堂是家庭的核心地带，是供长辈议事及男人活动的场所。正厅以及正厅前的这块区域，女人是不能无故出现的，她们的主要活动区域在后院。这个与男女分工有关，因为在徽州的传统里女人主要是负责处理家务的，而男人多外出经商或者是做官。

男女有别还体现在居住的位置上。在徽州，男女是分开居住的，小姐的阁楼男性是不可以进入的，大部分未出嫁的小姐常住在楼上，这增加了私密性和安全性。古时的闺中女子是不能轻易下楼外出的，正是所谓的"大门不出，二门不迈"。传统社会中对男女之别的重视在徽州民居中得到了充分体现，可以说在所有中国民居中是最为典型的。

|二楼|

待 客

在徽州，无论是大户人家还是普通家庭，在建房子时都要设门槛，只不过门槛高低不同而已（大户人家的门槛一般都比较高）。徽州民居的门槛是可拆装的，如果是尊贵的客人来访，就将门槛拆下来以表示欢迎，如果是主人不欢迎的访者到来，那么就保持原高。门槛也代表着家门是不可以随意践踏的，所以如果你来到徽州参观这里的民居，千万注意不要踩踏别人家的门槛。

正厅堂中八仙桌的主要功能是用来吃饭和待客。平日里各家各户的八仙桌都是紧靠正厅的墙壁摆放的，最里面也就是最尊崇的那一面不放座椅，只在左右两边各放一把椅子（太师椅）。如果家里有客人来访，主人就把客人迎进正厅堂，根据客人的身份和辈分确定客人应该坐在哪一边的椅子上。如果客人的身份或是辈分较高，主人就请客人坐在正壁的左边，自己坐在正壁的右边（左为上，右为下）。如果来访的客人不止一人，八仙桌的左右椅子只能由主人和客人中为首者坐，其他的客人则坐在别的位置。

| 门槛 |

| 八仙桌 |

了正厅堂之外也可以在花园别厅或书厅接待客人。一般来说只有特别亲近的朋友才能进入住宅的第二进院落，从第二进院落到第三进院落私密性逐渐加强，所以来到徽州做客时一定要注意，没有主人的允许，不可随意走动，这是最基本的礼节要求。

在徽州礼俗中，客人的主要活动空间在正厅堂，除

解密徽州老房子

| 解密徽州老房子 |

徽州古村落与老房子之所以能够形成独具特色的风格特征，与徽州的历史文化有着千丝万缕的联系。

北方迁移

徽州最早的村落，是古越人的聚居之地。1959 年在修建机场的施工中，于黄山弈棋镇附近发现了一处古代土墩墓群。这个遗址的发现告诉我们，早在春秋战国时期徽州就已经有了古越人的定居村落。那时的徽州先民基本上过着与世隔绝的生活。到了秦汉以后中原地区战争不断，徽州远离中原，又拥有独特的四面环山、高台城垒式的自然环境，并且这里山川秀丽，生态绝佳，

| 古村落 |

自然就成为避乱安居的"世外桃源"。每逢中原遭遇战争，为了远离战乱，北方的中原士族纷纷选择南迁，随同的还有他们的宗族、部落等，徽州成为这些中原士族的重要迁居地之一。从徽州的历史看，规模较大的迁移，主要集中在西晋、唐末、北宋这三个时期。

这种迁移不仅带来了中原的人口，也带来了中原的文化以及生活方式。北方的中原文化与徽州原居民的古越文化难免会产生碰撞，为了应对原居民的"排外"、

保证家族的"迁而不散"，迁入徽州的这些中原士族，采取集中选址居住的方式来团结全族，形成了聚族而居的生活方式。

这样的生活方式使得徽州的村落往往都以宗族的姓氏来命名。在唐广明年间，陈后主陈叔宝（南北朝时期陈朝最后一位皇帝）的九世孙陈禧为躲避黄巢之乱，带着他的儿子陈球由浙江桐庐搬迁到现今休宁西境的洪村。后来陈禧的子孙在这里繁衍生息，一村无他姓，所以此处便改名为陈村。

|安徽绩溪徽派乡村|

这样的例子还有很多，同村同姓，异村异姓，所以只要问一声"家住何村"，就能知道对方"贵姓"了，这种独特的习俗到今天依然存在，所以如果你去徽州，不妨就"猜猜"那里居民的"贵姓"吧！

除了通过聚族而居来巩固宗族，迁入的中原士族还通过修建祠堂、牌坊等形式，使宗族成员之间产生共同的归属观念。他们将祠堂建成徽州村落中最为高大辉煌的

西递古村祠堂

建筑，且祠堂的位置也都在村落的中心或者显要位置，以彰显其重要地位。

当一个族人走进祠堂时，会立即感受到四面八方传递来的无形气场，这种气场给人以震撼，让族人意识到自

安徽西递牌楼

| 棠樾牌坊群 |

| 四合院 |

坊的建筑形式表现出来，即便是不认识字的乡野农夫也能从这种建筑上体会到内化在其中的观念。所以在建造牌坊时力求其形制高大雄伟，有的村还将数座牌坊连成一片，形成颇为壮观的牌坊群，如歙县棠樾的牌坊群。

中原士族的迁移还对徽州建筑的具体形态产生了很大的影响，天井就是来源于中原的四合院建筑。所谓四合院又称四合房，是一种传统合院式建筑，其格局为一

己的渺小，也让族人意识到自己身上的血脉责任。

牌坊建筑也是如此，"慈、孝、悌、节、忠、义"是徽州宗族文化中特别强调的地方。文字类的教化，通过牌

个院子四面都建有房屋，从四面将庭院围合在中间，故名四合院。为了解决通风采光等问题，将中原的四合院建筑与徽州古越人的"干栏式"建筑相结合，使四合院中的庭院演化成了如今徽州民居中的天井。此外，徽州民居正厅同东西厢房的格局与四合院内部的格局也可以说是一脉相承。

迁移带来中原的儒家学说，因此徽州建筑的布局，也是按照儒家学说中的道德伦理原则来设计的，讲究长幼有序，内外有别，在建筑布局上力求中轴对称。

古越人的"干栏式"建筑以竹、木为骨架，以茅草盖顶，这些材料时间一长便会开裂，必须得拆掉重建，使用寿命非常短。中原人的迁入，还带来了先进的制砖技术，砖瓦的材料特性大大延长了建筑的使用期限，逐渐成为徽州建筑主要的建筑材料之一。前面章节说过，徽州民居在早期仍然保留有

| 四合院恭王府 |

| 安徽歙县徽州
仁和楼 |

"干栏式"的特征，也就是楼上宽敞且作为日常生活的主要空间，而楼下则相对矮小。到了明末清初才逐渐演变成楼下高大宽敞，楼上相对简易的形式，这个变化与砖材料的应用普及也有很大的关系。因为砖的防潮作用明显，可以使室内的木质结构不被腐蚀，而且砖墙与竹、木材料相比较也更具有安全性，能更有效地保护家庭的私密。

由此我们可以看到，徽州历史上的"移民"文化对徽州建筑的影响非常深远。经过长期的交流融合后，虽然还保留着些许古越文化，但最终，中原文化以及生活方式作为徽州的典型特征而延续后世。同时我们也应当明白，徽州的老房子并不是原样照搬中原的建筑形式，而是在综合了徽州和中原文化特征后创造出的一种新的建筑形态。

徽商与徽州建筑

如今，徽州的老房子闻名遐迩，受到世界的瞩目，它们之所以能达到今天的高度，与徽商的发展有着莫大的关系。

徽商来自徽州，与潮商和晋商一起被称作中国历史上的"三大商帮"。徽州商帮的经商能力之强，活动范围之广，在商界首屈一指。你知道吗？其实在封建社会时期是"重农抑商"的，那时商人的社会地位非常低，因此徽州人选择从商这条路其实是有迫不得已的苦衷的。前面章节中说过由于三次大规模的迁移，大量的北方士族、大地主迁入徽州，随同的还有他们的宗族、部落。

同乡同里的人也往往随着大户南逃，跟随一户大地主逃亡的往往就有千余家，这种情况造成了徽州人口过多。

| 徽商大宅院侧门 |

| 徽州村庄 |

│安徽歙县徽商大宅院景区建筑│

│西递古村小巷街道│

徽州的地理环境是山多地少，适合农作物生长的土地有限，所以人们的温饱成了刻不容缓的大问题。为了生计，徽州先民不得不外出谋求生路，拓展自己的生存空间，于是才选择了从商这条路。他们充分利用当地的自然地理特点，开展多种经营，如种茶、造纸、制墨、制砚等。徽州人正是通过这种方式逐渐改善了贫穷的状况，创造出"徽州富甲江南""无徽不成镇"的业绩。

明清时期，徽商经济骤然崛起，大批富商巨贾回到徽州开始建设家乡，他们修

祠堂、建民居、竖牌坊和盖书院，此时的徽州建筑艺术达到了鼎盛时期。

徽商为徽州建筑提供了丰厚的资金，他们兴建的民宅，建筑规格较高、用料考究、雕刻精美，极大地促进了徽州当地建筑技艺的发展。

徽商还十分热心于捐巨资修建祠堂。胡适的父亲在其自传中记载，胡氏聚族而居的上庄村，在经历了战争后，祠堂被烧毁，重修祠堂

│安徽宏村汪氏宗祠│

需一万多银圆，但是全族一年的农业收入仅有五千多银圆，为胡氏修建祠堂提供资金的正是族中的商人。这种商人捐款建祠堂的事例不胜枚举，徽州的大部分祠堂都

│安徽宏村古村落│

|安徽徽州风光|

|安徽古建筑花园布局|

兴建于徽商的鼎盛时期。

徽商之所以能够崛起，除了徽州人本身勤劳、聪慧之外，还有一个重要原因就是他们具有"贾而好儒"的特点。徽州人大多由中原迁移而来，具备深厚的儒家文化基础，再加上他们重视教育，正所谓"十家之村，不废诵读"。徽商可以说是一批文化商人，具有很高的文化素养和卓越的审美能力，这些因素都促使徽州的建筑形式更加丰富多样。徽州建筑外观上栩栩如生的砖雕门楼和粉墙黛瓦相得益彰，它们与周边的青石板路，小桥流水共同构成了一幅幅优美的水墨画。同时，室内的装饰也充满诗情画意，砖雕、木雕、石雕，古朴雅致、美不胜收，而这些都是与徽商的审美分不开的。

徽商对于徽州建筑的影

响还体现在其他方面。徽州民居的围墙一般都比较高，这是由于徽州的男性大多在外经商，家中留下的都是老弱妇孺，因此住宅的防御性尤为重要。除了防止火患发生，马头墙也同样起着防盗的作用，马头墙高大耸立的建筑外形，大大增加了盗贼偷窃的难度，从而保护了家中的安全。

当徽商回到家乡建设家

| 高马头墙 |

园时，也将其他地区的建筑风格和艺术带了回来，比如苏州、扬州的园林建筑名扬天下，徽商将这两个地方的

| 小桥 |

| 檀干园 |

园林特征带到了自己的家乡，兴起了修建园林之风。唐模的檀干园就是园主为母亲仿照扬州的瘦西湖所建。石雕、木雕、砖雕上雕刻的内容，也经常有徽州之外的景观风貌。

| 结语 |

徽州的古村落与老房子的美好不仅体现在独特的外形风貌上，同时也深刻地蕴含于丰富的徽州文化之中。就像南希·波琳女士所说："我觉得，这个房子（荫余堂）可以帮助美国人多了解中国人，多了解中国文化，多了解中国的历史。通过这扇窗户，可以看到中国的家族，这个家族的历史和他们的故事。通过他们的故事，可以了解中国的文化。"外来的美国友人尚且如此，我们作为中国人，更应当对我们本身的文化有所认知。

与此同时，我们还要了解一个现状，那就是虽然目

| 群山环绕中的村落 |

| 古镇村落 |

| 李洪巷 |

现状堪忧。

针对这个状况，政府出台了很多保护措施。实施了"百村千幢"古民居保护利用工程，具体实施方案是在黄山市境内选择了 101 个古村落和 1065 幢古民居进行综合保护和开发利用，采取整体保护、集中保护、重点保护等方式，通过开展生态修复、整治村落环境、维修古建筑单体等，使破落的村

前徽州遗留了众多的建筑，但是其中一部分古建筑由于和荫余堂一样没有被列入文物保护行列，又面临着时代发展的正向冲击，因此保存

庄焕发新的活力。位于休宁的五福养生会所、现屯溪老街李洪巷的建筑都是在不影响建筑整体风貌的前提之下，对室内的通风、采光等功能进行了丰富和改善，使其更适宜现代人居住。黄山市还采用了认领古建筑的方式，来解决保护古建筑所需要的经费问题。

目前，徽州的建筑保护开始朝着明朗的方向逐步发展，相信未来会越来越好。

将"徽"字拆开之后便

| 李洪巷 |

是"山、系（水）、人、文"，正是这四个字构成了徽州古村落与老房子给予我们的全部印象。

| 徽派村庄 |

图书在版编目（ＣＩＰ）数据

徽州古村落与老房子 / 谢宛鹿编著 ；刘托本辑主编
. -- 哈尔滨 ：黑龙江少年儿童出版社，2020.2（2021.8重印）
　（记住乡愁 ：留给孩子们的中国民俗文化 / 刘魁立
主编. 第八辑，传统营造辑）
　ISBN 978-7-5319-6480-3

Ⅰ. ①徽… Ⅱ. ①谢… ②刘… Ⅲ. ①村落－介绍－
徽州地区－中国－青少年读物 Ⅳ. ①K925.45-49

中国版本图书馆CIP数据核字(2020)第005591号

记住乡愁——留给孩子们的中国民俗文化　　　　刘魁立◎主编

第八辑 传统营造辑　　　　　　　　　　　　刘　托◎本辑主编

徽州古村落与老房子 HUIZHOU GUCUNLUO YU LAOFANGZI　谢宛鹿◎编著

出 版 人：商　亮
项目策划：张立新　刘伟波
项目统筹：华　汉
责任编辑：唐　慧
整体设计：文思天纵
责任印制：李　妍　王　刚
出版发行：黑龙江少年儿童出版社
　　　　　（黑龙江省哈尔滨市南岗区宜庆小区8号楼 150090）
网　　址：www.lsbook.com.cn
经　　销：全国新华书店
印　　装：北京一鑫印务有限责任公司
开　　本：787 mm×1092 mm　1/16
印　　张：5
字　　数：50千
书　　号：ISBN 978-7-5319-6480-3
版　　次：2020年2月第1版
印　　次：2021年8月第2次印刷
定　　价：35.00元